1							1
2							2
3							3
4							4
5							5
6							6
7							7
8							8
9							9
10							10
11							11
12							12
13							13
14							14
15							15
16							16
17							17
18							18
19							19
20							20
21							21
22							22
23							23
24							24
25							25
26							26
27							27
28							28
29							29
30							30
31							31
32							32
33							33
34							34
35							35
36							36
37							37
38							38
39							39
40							40

1							1
2							2
3							3
4							4
5							5
6							6
7							7
8							8
9							9
10							10
11							11
12							12
13							13
14							14
15							15
16							16
17							17
18							18
19							19
20							20
21							21
22							22
23							23
24							24
25							25
26							26
27							27
28							28
29							29
30							30
31							31
32							32
33							33
34							34
35							35
36							36
37							37
38							38
39							39
40							40

1					1
2					2
3					3
4					4
5					5
6					6
7					7
8					8
9					9
10					10
11					11
12					12
13					13
14					14
15					15
16					16
17					17
18					18
19					19
20					20
21					21
22					22
23					23
24					24
25					25
26					26
27					27
28					28
29					29
30					30
31					31
32					32
33					33
34					34
35					35
36					36
37					37
38					38
39					39
40					40

1							1
2							2
3							3
4							4
5							5
6							6
7							7
8							8
9							9
10							10
11							11
12							12
13							13
14							14
15							15
16							16
17							17
18							18
19							19
20							20
21							21
22							22
23							23
24							24
25							25
26							26
27							27
28							28
29							29
30							30
31							31
32							32
33							33
34							34
35							35
36							36
37							37
38							38
39							39
40							40

1							1
2							2
3							3
4							4
5							5
6							6
7							7
8							8
9							9
10							10
11							11
12							12
13							13
14							14
15							15
16							16
17							17
18							18
19							19
20							20
21							21
22							22
23							23
24							24
25							25
26							26
27							27
28							28
29							29
30							30
31							31
32							32
33							33
34							34
35							35
36							36
37							37
38							38
39							39
40							40

1							1
2							2
3							3
4							4
5							5
6							6
7							7
8							8
9							9
10							10
11							11
12							12
13							13
14							14
15							15
16							16
17							17
18							18
19							19
20							20
21							21
22							22
23							23
24							24
25							25
26							26
27							27
28							28
29							29
30							30
31							31
32							32
33							33
34							34
35							35
36							36
37							37
38							38
39							39
40							40

1							1
2							2
3							3
4							4
5							5
6							6
7							7
8							8
9							9
10							10
11							11
12							12
13							13
14							14
15							15
16							16
17							17
18							18
19							19
20							20
21							21
22							22
23							23
24							24
25							25
26							26
27							27
28							28
29							29
30							30
31							31
32							32
33							33
34							34
35							35
36							36
37							37
38							38
39							39
40							40

1							1
2							2
3							3
4							4
5							5
6							6
7							7
8							8
9							9
10							10
11							11
12							12
13							13
14							14
15							15
16							16
17							17
18							18
19							19
20							20
21							21
22							22
23							23
24							24
25							25
26							26
27							27
28							28
29							29
30							30
31							31
32							32
33							33
34							34
35							35
36							36
37							37
38							38
39							39
40							40

1							1
2							2
3							3
4							4
5							5
6							6
7							7
8							8
9							9
10							10
11							11
12							12
13							13
14							14
15							15
16							16
17							17
18							18
19							19
20							20
21							21
22							22
23							23
24							24
25							25
26							26
27							27
28							28
29							29
30							30
31							31
32							32
33							33
34							34
35							35
36							36
37							37
38							38
39							39
40							40

1							1
2							2
3							3
4							4
5							5
6							6
7							7
8							8
9							9
10							10
11							11
12							12
13							13
14							14
15							15
16							16
17							17
18							18
19							19
20							20
21							21
22							22
23							23
24							24
25							25
26							26
27							27
28							28
29							29
30							30
31							31
32							32
33							33
34							34
35							35
36							36
37							37
38							38
39							39
40							40

1							1
2							2
3							3
4							4
5							5
6							6
7							7
8							8
9							9
10							10
11							11
12							12
13							13
14							14
15							15
16							16
17							17
18							18
19							19
20							20
21							21
22							22
23							23
24							24
25							25
26							26
27							27
28							28
29							29
30							30
31							31
32							32
33							33
34							34
35							35
36							36
37							37
38							38
39							39
40							40

1	1
2	2
3	3
4	4
5	5
6	6
7	7
8	8
9	9
10	10
11	11
12	12
13	13
14	14
15	15
16	16
17	17
18	18
19	19
20	20
21	21
22	22
23	23
24	24
25	25
26	26
27	27
28	28
29	29
30	30
31	31
32	32
33	33
34	34
35	35
36	36
37	37
38	38
39	39
40	40

1							1
2							2
3							3
4							4
5							5
6							6
7							7
8							8
9							9
10							10
11							11
12							12
13							13
14							14
15							15
16							16
17							17
18							18
19							19
20							20
21							21
22							22
23							23
24							24
25							25
26							26
27							27
28							28
29							29
30							30
31							31
32							32
33							33
34							34
35							35
36							36
37							37
38							38
39							39
40							40

1							1
2							2
3							3
4							4
5							5
6							6
7							7
8							8
9							9
10							10
11							11
12							12
13							13
14							14
15							15
16							16
17							17
18							18
19							19
20							20
21							21
22							22
23							23
24							24
25							25
26							26
27							27
28							28
29							29
30							30
31							31
32							32
33							33
34							34
35							35
36							36
37							37
38							38
39							39
40							40

1							1
2							2
3							3
4							4
5							5
6							6
7							7
8							8
9							9
10							10
11							11
12							12
13							13
14							14
15							15
16							16
17							17
18							18
19							19
20							20
21							21
22							22
23							23
24							24
25							25
26							26
27							27
28							28
29							29
30							30
31							31
32							32
33							33
34							34
35							35
36							36
37							37
38							38
39							39
40							40

1	1
2	2
3	3
4	4
5	5
6	6
7	7
8	8
9	9
10	10
11	11
12	12
13	13
14	14
15	15
16	16
17	17
18	18
19	19
20	20
21	21
22	22
23	23
24	24
25	25
26	26
27	27
28	28
29	29
30	30
31	31
32	32
33	33
34	34
35	35
36	36
37	37
38	38
39	39
40	40

1		1
2		2
3		3
4		4
5		5
6		6
7		7
8		8
9		9
10		10
11		11
12		12
13		13
14		14
15		15
16		16
17		17
18		18
19		19
20		20
21		21
22		22
23		23
24		24
25		25
26		26
27		27
28		28
29		29
30		30
31		31
32		32
33		33
34		34
35		35
36		36
37		37
38		38
39		39
40		40

1							1
2							2
3							3
4							4
5							5
6							6
7							7
8							8
9							9
10							10
11							11
12							12
13							13
14							14
15							15
16							16
17							17
18							18
19							19
20							20
21							21
22							22
23							23
24							24
25							25
26							26
27							27
28							28
29							29
30							30
31							31
32							32
33							33
34							34
35							35
36							36
37							37
38							38
39							39
40							40

1							1
2							2
3							3
4							4
5							5
6							6
7							7
8							8
9							9
10							10
11							11
12							12
13							13
14							14
15							15
16							16
17							17
18							18
19							19
20							20
21							21
22							22
23							23
24							24
25							25
26							26
27							27
28							28
29							29
30							30
31							31
32							32
33							33
34							34
35							35
36							36
37							37
38							38
39							39
40							40

1							1
2							2
3							3
4							4
5							5
6							6
7							7
8							8
9							9
10							10
11							11
12							12
13							13
14							14
15							15
16							16
17							17
18							18
19							19
20							20
21							21
22							22
23							23
24							24
25							25
26							26
27							27
28							28
29							29
30							30
31							31
32							32
33							33
34							34
35							35
36							36
37							37
38							38
39							39
40							40

1							1
2							2
3							3
4							4
5							5
6							6
7							7
8							8
9							9
10							10
11							11
12							12
13							13
14							14
15							15
16							16
17							17
18							18
19							19
20							20
21							21
22							22
23							23
24							24
25							25
26							26
27							27
28							28
29							29
30							30
31							31
32							32
33							33
34							34
35							35
36							36
37							37
38							38
39							39
40							40

1							1
2							2
3							3
4							4
5							5
6							6
7							7
8							8
9							9
10							10
11							11
12							12
13							13
14							14
15							15
16							16
17							17
18							18
19							19
20							20
21							21
22							22
23							23
24							24
25							25
26							26
27							27
28							28
29							29
30							30
31							31
32							32
33							33
34							34
35							35
36							36
37							37
38							38
39							39
40							40

1		1
2		2
3		3
4		4
5		5
6		6
7		7
8		8
9		9
10		10
11		11
12		12
13		13
14		14
15		15
16		16
17		17
18		18
19		19
20		20
21		21
22		22
23		23
24		24
25		25
26		26
27		27
28		28
29		29
30		30
31		31
32		32
33		33
34		34
35		35
36		36
37		37
38		38
39		39
40		40

1							1
2							2
3							3
4							4
5							5
6							6
7							7
8							8
9							9
10							10
11							11
12							12
13							13
14							14
15							15
16							16
17							17
18							18
19							19
20							20
21							21
22							22
23							23
24							24
25							25
26							26
27							27
28							28
29							29
30							30
31							31
32							32
33							33
34							34
35							35
36							36
37							37
38							38
39							39
40							40

1						1
2						2
3						3
4						4
5						5
6						6
7						7
8						8
9						9
10						10
11						11
12						12
13						13
14						14
15						15
16						16
17						17
18						18
19						19
20						20
21						21
22						22
23						23
24						24
25						25
26						26
27						27
28						28
29						29
30						30
31						31
32						32
33						33
34						34
35						35
36						36
37						37
38						38
39						39
40						40

1							1
2							2
3							3
4							4
5							5
6							6
7							7
8							8
9							9
10							10
11							11
12							12
13							13
14							14
15							15
16							16
17							17
18							18
19							19
20							20
21							21
22							22
23							23
24							24
25							25
26							26
27							27
28							28
29							29
30							30
31							31
32							32
33							33
34							34
35							35
36							36
37							37
38							38
39							39
40							40

1						1
2						2
3						3
4						4
5						5
6						6
7						7
8						8
9						9
10						10
11						11
12						12
13						13
14						14
15						15
16						16
17						17
18						18
19						19
20						20
21						21
22						22
23						23
24						24
25						25
26						26
27						27
28						28
29						29
30						30
31						31
32						32
33						33
34						34
35						35
36						36
37						37
38						38
39						39
40						40

1						1
2						2
3						3
4						4
5						5
6						6
7						7
8						8
9						9
10						10
11						11
12						12
13						13
14						14
15						15
16						16
17						17
18						18
19						19
20						20
21						21
22						22
23						23
24						24
25						25
26						26
27						27
28						28
29						29
30						30
31						31
32						32
33						33
34						34
35						35
36						36
37						37
38						38
39						39
40						40

1							1
2							2
3							3
4							4
5							5
6							6
7							7
8							8
9							9
10							10
11							11
12							12
13							13
14							14
15							15
16							16
17							17
18							18
19							19
20							20
21							21
22							22
23							23
24							24
25							25
26							26
27							27
28							28
29							29
30							30
31							31
32							32
33							33
34							34
35							35
36							36
37							37
38							38
39							39
40							40

1							1
2							2
3							3
4							4
5							5
6							6
7							7
8							8
9							9
10							10
11							11
12							12
13							13
14							14
15							15
16							16
17							17
18							18
19							19
20							20
21							21
22							22
23							23
24							24
25							25
26							26
27							27
28							28
29							29
30							30
31							31
32							32
33							33
34							34
35							35
36							36
37							37
38							38
39							39
40							40

1						1
2						2
3						3
4						4
5						5
6						6
7						7
8						8
9						9
10						10
11						11
12						12
13						13
14						14
15						15
16						16
17						17
18						18
19						19
20						20
21						21
22						22
23						23
24						24
25						25
26						26
27						27
28						28
29						29
30						30
31						31
32						32
33						33
34						34
35						35
36						36
37						37
38						38
39						39
40						40

1							1
2							2
3							3
4							4
5							5
6							6
7							7
8							8
9							9
10							10
11							11
12							12
13							13
14							14
15							15
16							16
17							17
18							18
19							19
20							20
21							21
22							22
23							23
24							24
25							25
26							26
27							27
28							28
29							29
30							30
31							31
32							32
33							33
34							34
35							35
36							36
37							37
38							38
39							39
40							40

1							1
2							2
3							3
4							4
5							5
6							6
7							7
8							8
9							9
10							10
11							11
12							12
13							13
14							14
15							15
16							16
17							17
18							18
19							19
20							20
21							21
22							22
23							23
24							24
25							25
26							26
27							27
28							28
29							29
30							30
31							31
32							32
33							33
34							34
35							35
36							36
37							37
38							38
39							39
40							40

1							1
2							2
3							3
4							4
5							5
6							6
7							7
8							8
9							9
10							10
11							11
12							12
13							13
14							14
15							15
16							16
17							17
18							18
19							19
20							20
21							21
22							22
23							23
24							24
25							25
26							26
27							27
28							28
29							29
30							30
31							31
32							32
33							33
34							34
35							35
36							36
37							37
38							38
39							39
40							40

1							1
2							2
3							3
4							4
5							5
6							6
7							7
8							8
9							9
10							10
11							11
12							12
13							13
14							14
15							15
16							16
17							17
18							18
19							19
20							20
21							21
22							22
23							23
24							24
25							25
26							26
27							27
28							28
29							29
30							30
31							31
32							32
33							33
34							34
35							35
36							36
37							37
38							38
39							39
40							40

1						1
2						2
3						3
4						4
5						5
6						6
7						7
8						8
9						9
10						10
11						11
12						12
13						13
14						14
15						15
16						16
17						17
18						18
19						19
20						20
21						21
22						22
23						23
24						24
25						25
26						26
27						27
28						28
29						29
30						30
31						31
32						32
33						33
34						34
35						35
36						36
37						37
38						38
39						39
40						40

1							1
2							2
3							3
4							4
5							5
6							6
7							7
8							8
9							9
10							10
11							11
12							12
13							13
14							14
15							15
16							16
17							17
18							18
19							19
20							20
21							21
22							22
23							23
24							24
25							25
26							26
27							27
28							28
29							29
30							30
31							31
32							32
33							33
34							34
35							35
36							36
37							37
38							38
39							39
40							40

1							1
2							2
3							3
4							4
5							5
6							6
7							7
8							8
9							9
10							10
11							11
12							12
13							13
14							14
15							15
16							16
17							17
18							18
19							19
20							20
21							21
22							22
23							23
24							24
25							25
26							26
27							27
28							28
29							29
30							30
31							31
32							32
33							33
34							34
35							35
36							36
37							37
38							38
39							39
40							40

1					1
2					2
3					3
4					4
5					5
6					6
7					7
8					8
9					9
10					10
11					11
12					12
13					13
14					14
15					15
16					16
17					17
18					18
19					19
20					20
21					21
22					22
23					23
24					24
25					25
26					26
27					27
28					28
29					29
30					30
31					31
32					32
33					33
34					34
35					35
36					36
37					37
38					38
39					39
40					40

1						1
2						2
3						3
4						4
5						5
6						6
7						7
8						8
9						9
10						10
11						11
12						12
13						13
14						14
15						15
16						16
17						17
18						18
19						19
20						20
21						21
22						22
23						23
24						24
25						25
26						26
27						27
28						28
29						29
30						30
31						31
32						32
33						33
34						34
35						35
36						36
37						37
38						38
39						39
40						40

1		1
2		2
3		3
4		4
5		5
6		6
7		7
8		8
9		9
10		10
11		11
12		12
13		13
14		14
15		15
16		16
17		17
18		18
19		19
20		20
21		21
22		22
23		23
24		24
25		25
26		26
27		27
28		28
29		29
30		30
31		31
32		32
33		33
34		34
35		35
36		36
37		37
38		38
39		39
40		40

1							1
2							2
3							3
4							4
5							5
6							6
7							7
8							8
9							9
10							10
11							11
12							12
13							13
14							14
15							15
16							16
17							17
18							18
19							19
20							20
21							21
22							22
23							23
24							24
25							25
26							26
27							27
28							28
29							29
30							30
31							31
32							32
33							33
34							34
35							35
36							36
37							37
38							38
39							39
40							40

1							1
2							2
3							3
4							4
5							5
6							6
7							7
8							8
9							9
10							10
11							11
12							12
13							13
14							14
15							15
16							16
17							17
18							18
19							19
20							20
21							21
22							22
23							23
24							24
25							25
26							26
27							27
28							28
29							29
30							30
31							31
32							32
33							33
34							34
35							35
36							36
37							37
38							38
39							39
40							40

1							1
2							2
3							3
4							4
5							5
6							6
7							7
8							8
9							9
10							10
11							11
12							12
13							13
14							14
15							15
16							16
17							17
18							18
19							19
20							20
21							21
22							22
23							23
24							24
25							25
26							26
27							27
28							28
29							29
30							30
31							31
32							32
33							33
34							34
35							35
36							36
37							37
38							38
39							39
40							40

1		1
2		2
3		3
4		4
5		5
6		6
7		7
8		8
9		9
10		10
11		11
12		12
13		13
14		14
15		15
16		16
17		17
18		18
19		19
20		20
21		21
22		22
23		23
24		24
25		25
26		26
27		27
28		28
29		29
30		30
31		31
32		32
33		33
34		34
35		35
36		36
37		37
38		38
39		39
40		40

1							1
2							2
3							3
4							4
5							5
6							6
7							7
8							8
9							9
10							10
11							11
12							12
13							13
14							14
15							15
16							16
17							17
18							18
19							19
20							20
21							21
22							22
23							23
24							24
25							25
26							26
27							27
28							28
29							29
30							30
31							31
32							32
33							33
34							34
35							35
36							36
37							37
38							38
39							39
40							40

1							1
2							2
3							3
4							4
5							5
6							6
7							7
8							8
9							9
10							10
11							11
12							12
13							13
14							14
15							15
16							16
17							17
18							18
19							19
20							20
21							21
22							22
23							23
24							24
25							25
26							26
27							27
28							28
29							29
30							30
31							31
32							32
33							33
34							34
35							35
36							36
37							37
38							38
39							39
40							40

1							1
2							2
3							3
4							4
5							5
6							6
7							7
8							8
9							9
10							10
11							11
12							12
13							13
14							14
15							15
16							16
17							17
18							18
19							19
20							20
21							21
22							22
23							23
24							24
25							25
26							26
27							27
28							28
29							29
30							30
31							31
32							32
33							33
34							34
35							35
36							36
37							37
38							38
39							39
40							40

1							1
2							2
3							3
4							4
5							5
6							6
7							7
8							8
9							9
10							10
11							11
12							12
13							13
14							14
15							15
16							16
17							17
18							18
19							19
20							20
21							21
22							22
23							23
24							24
25							25
26							26
27							27
28							28
29							29
30							30
31							31
32							32
33							33
34							34
35							35
36							36
37							37
38							38
39							39
40							40

1							1
2							2
3							3
4							4
5							5
6							6
7							7
8							8
9							9
10							10
11							11
12							12
13							13
14							14
15							15
16							16
17							17
18							18
19							19
20							20
21							21
22							22
23							23
24							24
25							25
26							26
27							27
28							28
29							29
30							30
31							31
32							32
33							33
34							34
35							35
36							36
37							37
38							38
39							39
40							40

1							1
2							2
3							3
4							4
5							5
6							6
7							7
8							8
9							9
10							10
11							11
12							12
13							13
14							14
15							15
16							16
17							17
18							18
19							19
20							20
21							21
22							22
23							23
24							24
25							25
26							26
27							27
28							28
29							29
30							30
31							31
32							32
33							33
34							34
35							35
36							36
37							37
38							38
39							39
40							40

1					1
2					2
3					3
4					4
5					5
6					6
7					7
8					8
9					9
10					10
11					11
12					12
13					13
14					14
15					15
16					16
17					17
18					18
19					19
20					20
21					21
22					22
23					23
24					24
25					25
26					26
27					27
28					28
29					29
30					30
31					31
32					32
33					33
34					34
35					35
36					36
37					37
38					38
39					39
40					40

1							1
2							2
3							3
4							4
5							5
6							6
7							7
8							8
9							9
10							10
11							11
12							12
13							13
14							14
15							15
16							16
17							17
18							18
19							19
20							20
21							21
22							22
23							23
24							24
25							25
26							26
27							27
28							28
29							29
30							30
31							31
32							32
33							33
34							34
35							35
36							36
37							37
38							38
39							39
40							40

1							1
2							2
3							3
4							4
5							5
6							6
7							7
8							8
9							9
10							10
11							11
12							12
13							13
14							14
15							15
16							16
17							17
18							18
19							19
20							20
21							21
22							22
23							23
24							24
25							25
26							26
27							27
28							28
29							29
30							30
31							31
32							32
33							33
34							34
35							35
36							36
37							37
38							38
39							39
40							40

1							1
2							2
3							3
4							4
5							5
6							6
7							7
8							8
9							9
10							10
11							11
12							12
13							13
14							14
15							15
16							16
17							17
18							18
19							19
20							20
21							21
22							22
23							23
24							24
25							25
26							26
27							27
28							28
29							29
30							30
31							31
32							32
33							33
34							34
35							35
36							36
37							37
38							38
39							39
40							40

1		1
2		2
3		3
4		4
5		5
6		6
7		7
8		8
9		9
10		10
11		11
12		12
13		13
14		14
15		15
16		16
17		17
18		18
19		19
20		20
21		21
22		22
23		23
24		24
25		25
26		26
27		27
28		28
29		29
30		30
31		31
32		32
33		33
34		34
35		35
36		36
37		37
38		38
39		39
40		40

1							1
2							2
3							3
4							4
5							5
6							6
7							7
8							8
9							9
10							10
11							11
12							12
13							13
14							14
15							15
16							16
17							17
18							18
19							19
20							20
21							21
22							22
23							23
24							24
25							25
26							26
27							27
28							28
29							29
30							30
31							31
32							32
33							33
34							34
35							35
36							36
37							37
38							38
39							39
40							40

1							1
2							2
3							3
4							4
5							5
6							6
7							7
8							8
9							9
10							10
11							11
12							12
13							13
14							14
15							15
16							16
17							17
18							18
19							19
20							20
21							21
22							22
23							23
24							24
25							25
26							26
27							27
28							28
29							29
30							30
31							31
32							32
33							33
34							34
35							35
36							36
37							37
38							38
39							39
40							40

1						1
2						2
3						3
4						4
5						5
6						6
7						7
8						8
9						9
10						10
11						11
12						12
13						13
14						14
15						15
16						16
17						17
18						18
19						19
20						20
21						21
22						22
23						23
24						24
25						25
26						26
27						27
28						28
29						29
30						30
31						31
32						32
33						33
34						34
35						35
36						36
37						37
38						38
39						39
40						40

1					1
2					2
3					3
4					4
5					5
6					6
7					7
8					8
9					9
10					10
11					11
12					12
13					13
14					14
15					15
16					16
17					17
18					18
19					19
20					20
21					21
22					22
23					23
24					24
25					25
26					26
27					27
28					28
29					29
30					30
31					31
32					32
33					33
34					34
35					35
36					36
37					37
38					38
39					39
40					40

1							1
2							2
3							3
4							4
5							5
6							6
7							7
8							8
9							9
10							10
11							11
12							12
13							13
14							14
15							15
16							16
17							17
18							18
19							19
20							20
21							21
22							22
23							23
24							24
25							25
26							26
27							27
28							28
29							29
30							30
31							31
32							32
33							33
34							34
35							35
36							36
37							37
38							38
39							39
40							40

1							1
2							2
3							3
4							4
5							5
6							6
7							7
8							8
9							9
10							10
11							11
12							12
13							13
14							14
15							15
16							16
17							17
18							18
19							19
20							20
21							21
22							22
23							23
24							24
25							25
26							26
27							27
28							28
29							29
30							30
31							31
32							32
33							33
34							34
35							35
36							36
37							37
38							38
39							39
40							40

1							1
2							2
3							3
4							4
5							5
6							6
7							7
8							8
9							9
10							10
11							11
12							12
13							13
14							14
15							15
16							16
17							17
18							18
19							19
20							20
21							21
22							22
23							23
24							24
25							25
26							26
27							27
28							28
29							29
30							30
31							31
32							32
33							33
34							34
35							35
36							36
37							37
38							38
39							39
40							40

1							1
2							2
3							3
4							4
5							5
6							6
7							7
8							8
9							9
10							10
11							11
12							12
13							13
14							14
15							15
16							16
17							17
18							18
19							19
20							20
21							21
22							22
23							23
24							24
25							25
26							26
27							27
28							28
29							29
30							30
31							31
32							32
33							33
34							34
35							35
36							36
37							37
38							38
39							39
40							40

1							1
2							2
3							3
4							4
5							5
6							6
7							7
8							8
9							9
10							10
11							11
12							12
13							13
14							14
15							15
16							16
17							17
18							18
19							19
20							20
21							21
22							22
23							23
24							24
25							25
26							26
27							27
28							28
29							29
30							30
31							31
32							32
33							33
34							34
35							35
36							36
37							37
38							38
39							39
40							40

1							1
2							2
3							3
4							4
5							5
6							6
7							7
8							8
9							9
10							10
11							11
12							12
13							13
14							14
15							15
16							16
17							17
18							18
19							19
20							20
21							21
22							22
23							23
24							24
25							25
26							26
27							27
28							28
29							29
30							30
31							31
32							32
33							33
34							34
35							35
36							36
37							37
38							38
39							39
40							40

1						1
2						2
3						3
4						4
5						5
6						6
7						7
8						8
9						9
10						10
11						11
12						12
13						13
14						14
15						15
16						16
17						17
18						18
19						19
20						20
21						21
22						22
23						23
24						24
25						25
26						26
27						27
28						28
29						29
30						30
31						31
32						32
33						33
34						34
35						35
36						36
37						37
38						38
39						39
40						40

1							1
2							2
3							3
4							4
5							5
6							6
7							7
8							8
9							9
10							10
11							11
12							12
13							13
14							14
15							15
16							16
17							17
18							18
19							19
20							20
21							21
22							22
23							23
24							24
25							25
26							26
27							27
28							28
29							29
30							30
31							31
32							32
33							33
34							34
35							35
36							36
37							37
38							38
39							39
40							40

1							1
2							2
3							3
4							4
5							5
6							6
7							7
8							8
9							9
10							10
11							11
12							12
13							13
14							14
15							15
16							16
17							17
18							18
19							19
20							20
21							21
22							22
23							23
24							24
25							25
26							26
27							27
28							28
29							29
30							30
31							31
32							32
33							33
34							34
35							35
36							36
37							37
38							38
39							39
40							40

1							1
2							2
3							3
4							4
5							5
6							6
7							7
8							8
9							9
10							10
11							11
12							12
13							13
14							14
15							15
16							16
17							17
18							18
19							19
20							20
21							21
22							22
23							23
24							24
25							25
26							26
27							27
28							28
29							29
30							30
31							31
32							32
33							33
34							34
35							35
36							36
37							37
38							38
39							39
40							40

1							1
2							2
3							3
4							4
5							5
6							6
7							7
8							8
9							9
10							10
11							11
12							12
13							13
14							14
15							15
16							16
17							17
18							18
19							19
20							20
21							21
22							22
23							23
24							24
25							25
26							26
27							27
28							28
29							29
30							30
31							31
32							32
33							33
34							34
35							35
36							36
37							37
38							38
39							39
40							40

1							1
2							2
3							3
4							4
5							5
6							6
7							7
8							8
9							9
10							10
11							11
12							12
13							13
14							14
15							15
16							16
17							17
18							18
19							19
20							20
21							21
22							22
23							23
24							24
25							25
26							26
27							27
28							28
29							29
30							30
31							31
32							32
33							33
34							34
35							35
36							36
37							37
38							38
39							39
40							40

1							1
2							2
3							3
4							4
5							5
6							6
7							7
8							8
9							9
10							10
11							11
12							12
13							13
14							14
15							15
16							16
17							17
18							18
19							19
20							20
21							21
22							22
23							23
24							24
25							25
26							26
27							27
28							28
29							29
30							30
31							31
32							32
33							33
34							34
35							35
36							36
37							37
38							38
39							39
40							40

1							1
2							2
3							3
4							4
5							5
6							6
7							7
8							8
9							9
10							10
11							11
12							12
13							13
14							14
15							15
16							16
17							17
18							18
19							19
20							20
21							21
22							22
23							23
24							24
25							25
26							26
27							27
28							28
29							29
30							30
31							31
32							32
33							33
34							34
35							35
36							36
37							37
38							38
39							39
40							40

1		1
2		2
3		3
4		4
5		5
6		6
7		7
8		8
9		9
10		10
11		11
12		12
13		13
14		14
15		15
16		16
17		17
18		18
19		19
20		20
21		21
22		22
23		23
24		24
25		25
26		26
27		27
28		28
29		29
30		30
31		31
32		32
33		33
34		34
35		35
36		36
37		37
38		38
39		39
40		40

1							1
2							2
3							3
4							4
5							5
6							6
7							7
8							8
9							9
10							10
11							11
12							12
13							13
14							14
15							15
16							16
17							17
18							18
19							19
20							20
21							21
22							22
23							23
24							24
25							25
26							26
27							27
28							28
29							29
30							30
31							31
32							32
33							33
34							34
35							35
36							36
37							37
38							38
39							39
40							40

1							1
2							2
3							3
4							4
5							5
6							6
7							7
8							8
9							9
10							10
11							11
12							12
13							13
14							14
15							15
16							16
17							17
18							18
19							19
20							20
21							21
22							22
23							23
24							24
25							25
26							26
27							27
28							28
29							29
30							30
31							31
32							32
33							33
34							34
35							35
36							36
37							37
38							38
39							39
40							40

1							1
2							2
3							3
4							4
5							5
6							6
7							7
8							8
9							9
10							10
11							11
12							12
13							13
14							14
15							15
16							16
17							17
18							18
19							19
20							20
21							21
22							22
23							23
24							24
25							25
26							26
27							27
28							28
29							29
30							30
31							31
32							32
33							33
34							34
35							35
36							36
37							37
38							38
39							39
40							40

1						1
2						2
3						3
4						4
5						5
6						6
7						7
8						8
9						9
10						10
11						11
12						12
13						13
14						14
15						15
16						16
17						17
18						18
19						19
20						20
21						21
22						22
23						23
24						24
25						25
26						26
27						27
28						28
29						29
30						30
31						31
32						32
33						33
34						34
35						35
36						36
37						37
38						38
39						39
40						40

1							1
2							2
3							3
4							4
5							5
6							6
7							7
8							8
9							9
10							10
11							11
12							12
13							13
14							14
15							15
16							16
17							17
18							18
19							19
20							20
21							21
22							22
23							23
24							24
25							25
26							26
27							27
28							28
29							29
30							30
31							31
32							32
33							33
34							34
35							35
36							36
37							37
38							38
39							39
40							40

1						1
2						2
3						3
4						4
5						5
6						6
7						7
8						8
9						9
10						10
11						11
12						12
13						13
14						14
15						15
16						16
17						17
18						18
19						19
20						20
21						21
22						22
23						23
24						24
25						25
26						26
27						27
28						28
29						29
30						30
31						31
32						32
33						33
34						34
35						35
36						36
37						37
38						38
39						39
40						40

1							1
2							2
3							3
4							4
5							5
6							6
7							7
8							8
9							9
10							10
11							11
12							12
13							13
14							14
15							15
16							16
17							17
18							18
19							19
20							20
21							21
22							22
23							23
24							24
25							25
26							26
27							27
28							28
29							29
30							30
31							31
32							32
33							33
34							34
35							35
36							36
37							37
38							38
39							39
40							40

1							1
2							2
3							3
4							4
5							5
6							6
7							7
8							8
9							9
10							10
11							11
12							12
13							13
14							14
15							15
16							16
17							17
18							18
19							19
20							20
21							21
22							22
23							23
24							24
25							25
26							26
27							27
28							28
29							29
30							30
31							31
32							32
33							33
34							34
35							35
36							36
37							37
38							38
39							39
40							40

1						1
2						2
3						3
4						4
5						5
6						6
7						7
8						8
9						9
10						10
11						11
12						12
13						13
14						14
15						15
16						16
17						17
18						18
19						19
20						20
21						21
22						22
23						23
24						24
25						25
26						26
27						27
28						28
29						29
30						30
31						31
32						32
33						33
34						34
35						35
36						36
37						37
38						38
39						39
40						40

1							1
2							2
3							3
4							4
5							5
6							6
7							7
8							8
9							9
10							10
11							11
12							12
13							13
14							14
15							15
16							16
17							17
18							18
19							19
20							20
21							21
22							22
23							23
24							24
25							25
26							26
27							27
28							28
29							29
30							30
31							31
32							32
33							33
34							34
35							35
36							36
37							37
38							38
39							39
40							40

1							1
2							2
3							3
4							4
5							5
6							6
7							7
8							8
9							9
10							10
11							11
12							12
13							13
14							14
15							15
16							16
17							17
18							18
19							19
20							20
21							21
22							22
23							23
24							24
25							25
26							26
27							27
28							28
29							29
30							30
31							31
32							32
33							33
34							34
35							35
36							36
37							37
38							38
39							39
40							40

1				1
2				2
3				3
4				4
5				5
6				6
7				7
8				8
9				9
10				10
11				11
12				12
13				13
14				14
15				15
16				16
17				17
18				18
19				19
20				20
21				21
22				22
23				23
24				24
25				25
26				26
27				27
28				28
29				29
30				30
31				31
32				32
33				33
34				34
35				35
36				36
37				37
38				38
39				39
40				40

1						1
2						2
3						3
4						4
5						5
6						6
7						7
8						8
9						9
10						10
11						11
12						12
13						13
14						14
15						15
16						16
17						17
18						18
19						19
20						20
21						21
22						22
23						23
24						24
25						25
26						26
27						27
28						28
29						29
30						30
31						31
32						32
33						33
34						34
35						35
36						36
37						37
38						38
39						39
40						40

1							1
2							2
3							3
4							4
5							5
6							6
7							7
8							8
9							9
10							10
11							11
12							12
13							13
14							14
15							15
16							16
17							17
18							18
19							19
20							20
21							21
22							22
23							23
24							24
25							25
26							26
27							27
28							28
29							29
30							30
31							31
32							32
33							33
34							34
35							35
36							36
37							37
38							38
39							39
40							40

1						1
2						2
3						3
4						4
5						5
6						6
7						7
8						8
9						9
10						10
11						11
12						12
13						13
14						14
15						15
16						16
17						17
18						18
19						19
20						20
21						21
22						22
23						23
24						24
25						25
26						26
27						27
28						28
29						29
30						30
31						31
32						32
33						33
34						34
35						35
36						36
37						37
38						38
39						39
40						40

1							1
2							2
3							3
4							4
5							5
6							6
7							7
8							8
9							9
10							10
11							11
12							12
13							13
14							14
15							15
16							16
17							17
18							18
19							19
20							20
21							21
22							22
23							23
24							24
25							25
26							26
27							27
28							28
29							29
30							30
31							31
32							32
33							33
34							34
35							35
36							36
37							37
38							38
39							39
40							40

1																					1
2																					2
3																					3
4																					4
5																					5
6																					6
7																					7
8																					8
9																					9
10																					10
11																					11
12																					12
13																					13
14																					14
15																					15
16																					16
17																					17
18																					18
19																					19
20																					20
21																					21
22																					22
23																					23
24																					24
25																					25
26																					26
27																					27
28																					28
29																					29
30																					30
31																					31
32																					32
33																					33
34																					34
35																					35
36																					36
37																					37
38																					38
39																					39
40																					40

1						1
2						2
3						3
4						4
5						5
6						6
7						7
8						8
9						9
10						10
11						11
12						12
13						13
14						14
15						15
16						16
17						17
18						18
19						19
20						20
21						21
22						22
23						23
24						24
25						25
26						26
27						27
28						28
29						29
30						30
31						31
32						32
33						33
34						34
35						35
36						36
37						37
38						38
39						39
40						40

1
2
3
4
5
6
7
8
9
10
11
12
13
14
15
16
17
18
19
20
21
22
23
24
25
26
27
28
29
30
31
32
33
34
35
36
37
38
39
40

1							1
2							2
3							3
4							4
5							5
6							6
7							7
8							8
9							9
10							10
11							11
12							12
13							13
14							14
15							15
16							16
17							17
18							18
19							19
20							20
21							21
22							22
23							23
24							24
25							25
26							26
27							27
28							28
29							29
30							30
31							31
32							32
33							33
34							34
35							35
36							36
37							37
38							38
39							39
40							40

1	1
2	2
3	3
4	4
5	5
6	6
7	7
8	8
9	9
10	10
11	11
12	12
13	13
14	14
15	15
16	16
17	17
18	18
19	19
20	20
21	21
22	22
23	23
24	24
25	25
26	26
27	27
28	28
29	29
30	30
31	31
32	32
33	33
34	34
35	35
36	36
37	37
38	38
39	39
40	40

1						1
2						2
3						3
4						4
5						5
6						6
7						7
8						8
9						9
10						10
11						11
12						12
13						13
14						14
15						15
16						16
17						17
18						18
19						19
20						20
21						21
22						22
23						23
24						24
25						25
26						26
27						27
28						28
29						29
30						30
31						31
32						32
33						33
34						34
35						35
36						36
37						37
38						38
39						39
40						40

1							1
2							2
3							3
4							4
5							5
6							6
7							7
8							8
9							9
10							10
11							11
12							12
13							13
14							14
15							15
16							16
17							17
18							18
19							19
20							20
21							21
22							22
23							23
24							24
25							25
26							26
27							27
28							28
29							29
30							30
31							31
32							32
33							33
34							34
35							35
36							36
37							37
38							38
39							39
40							40

1							1
2							2
3							3
4							4
5							5
6							6
7							7
8							8
9							9
10							10
11							11
12							12
13							13
14							14
15							15
16							16
17							17
18							18
19							19
20							20
21							21
22							22
23							23
24							24
25							25
26							26
27							27
28							28
29							29
30							30
31							31
32							32
33							33
34							34
35							35
36							36
37							37
38							38
39							39
40							40

Made in the USA
Las Vegas, NV
21 December 2023

83383172R00057